LES NATIONALITÉS

ET LES

FRONTIÈRES NATURELLES

LES NATIONALITÉS

ET LES

FRONTIÈRES NATURELLES

PAR

FRANÇOIS DE BOURGOING

Extrait du CORRESPONDANT

PARIS

CHARLES DOUNIOL, LIBRAIRE-ÉDITEUR

29, RUE DE TOURNON, 29.

1860

LES NATIONALITÉS

ET LES

FRONTIÈRES NATURELLES

Il y a quelques semaines, des voyageurs venus de tous les coins de l'Europe se trouvaient réunis dans le salon de l'hôtel d'une ville d'eau. La conversation s'engagea entre eux sur les événements qui se produisent en ce moment en Europe. Chacun parla au hasard, comme il arrive d'ordinaire dans une assemblée nombreuse et composée d'éléments fort divers. On dit beaucoup de choses déraisonnables, quelques-unes de spécieuses, très-peu de sensées; mais, comme personne ne dirigeait la conversation, elle alla au hasard jusqu'à ce que les différents interlocuteurs, fatigués, se fussent dispersés. Trois seulement d'entre eux restèrent réunis, et, comme c'étaient les plus sérieux, il ne sera peut-être pas sans quelque intérêt de rapporter leur entretien.

L'un d'eux, professeur de sanscrit à l'une des grandes universités d'Allemagne, est profondément versé dans l'étude de la philologie. Le second, capitaine d'état-major français, s'est acquis comme ingénieur géographe une juste réputation dans le corps savant dont il fait partie. Le troisième enfin, né à la Louisiane, après avoir quitté presque enfant son pays natal, a parcouru successivement toutes les contrées d'Europe, a étudié avec sagacité leurs mœurs et leurs lois, et ne s'est fixé nulle part. Doué d'un esprit naturellement libre et qu'aucune passion n'égare, il ne voit dans les agitations de l'Europe qu'un sujet curieux d'études, et il en suit les péripéties sans amour et sans haine. Il avait, dans des entretiens précédents, apprécié l'intelligence et les connaissances du Français et de l'Allemand, et ce fut avec empressement qu'il profita de l'occasion qui les réunissait pour avoir leur opinion sur plusieurs questions qui faisaient le sujet de ses réflexions.

— Nous venons, messieurs, leur dit-il, d'assister à une discussion bien confuse. Chacun parlait sans écouter son voisin et sans chercher à lui répondre ; c'était une véritable Babel. Au milieu de cette multitude d'opinions émises et de ces grands mots de nationalité, d'annexion, de suffrage universel, de frontières naturelles, lancés à chaque instant et à tort et à travers, il m'a semblé que, seuls, vous aviez un système arrêté. Je vous prie donc, puisque nous sommes de loisir, de vouloir bien éclaircir divers points restés, dans mon esprit, enveloppés d'une obscurité que vous parviendrez peut-être à dissiper.

Quoique je ne me prétende en aucune façon un grand politique, je n'ai pas attendu jusqu'à la conversation de ce soir pour me convaincre que l'Europe entre dans une phase nouvelle. Les anciens principes sont ébranlés : le vieux droit public, fondé sur le respect des traités, est battu de tous côtés en brèche; un nouveau droit tend à s'établir, le droit des nations à disposer d'elles-mêmes en faisant connaître leurs vœux par la voix du scrutin. Comme vous, capitaine, j'appartiens à un pays où le suffrage universel est la loi constitutionnelle du pays; il me faut donc m'incliner et reconnaître, sous peine d'être un factieux, que la volonté de la majorité numérique doit prévaloir sur celle des minorités, quelque nombreux, quelque éclairés que soient ceux qui les composent, quelque respectables que puissent être les principes qu'ils invoquent. Cependant le suffrage universel n'est qu'un moyen, c'est une force d'une puissance extrême, mais qui doit recevoir une impulsion première. D'où lui viendra-t-elle ? Là est la question. Qui fera-t-elle triompher, la liberté ou le despotisme, la monarchie universelle ou l'équilibre des puissances, la liberté de conscience ou la prédominance oppressive d'une croyance religieuse? Ce que je répugne à croire, c'est que les masses se mettent purement et simplement au service du plus fort. Depuis les temps barbares, rien de pareil ne s'est vu en Europe, jamais aucun politique n'a avoué crûment la convoitise trop naturelle à l'homme, et les conquérants les plus avides, quand ils ont voulu prendre le bien d'autrui, se sont toujours mis à couvert derrière une théorie qui les justifiait aux yeux des peuples. Quand Charles-Quint rêvait la monarchie universelle, il s'appuyait sur les doctrines de la Rome impériale rajeunies par les jurisconsultes gibelins; quand le grand Frédéric s'emparait de la Silésie, il se prétendait le défenseur de la liberté du corps germanique; quand Napoléon envoyait tant de pauvres conscrits mourir sur les montagnes arides de la Castille, ou dans les plaines glacées de la Russie, il se proclamait le grand initiateur des nations à quelques-uns des principes de 89, non pas aux plus élevés sans doute, à ceux qui garantissent la liberté politique et civile, mais à ceux qui établissent l'égalité des citoyens entre eux. Il faut, pour agir sur les peuples, leur présenter autre chose que l'exercice du droit du plus fort, et la moralité humaine veut au moins être abusée.

J'en suis donc convaincu, le suffrage universel s'appliquera à faire prévaloir certaines théories, sauf à en changer de temps à autre, car l'histoire nous apprend de reste que l'inconstance est naturelle à la démocratie. La difficulté en ce moment, c'est que deux principes semblent se partager les préférences populaires, le principe de la nationalité et celui des frontières naturelles. En apparence, ces principes ont de l'analogie; en réalité, cependant, ils sont très-souvent contradictoires, et je crains fort que, le jour où ils devront être mis en pratique par toute l'Europe, il ne s'engage entre eux une lutte terrible et de nature à affliger l'humanité de maux aussi grands qu'aucun de ceux qui ont jamais fondu sur elle. Je serais heureux cependant de me tromper, et j'ai l'espérance que vous m'aiderez à trouver un accommodement, car vous, monsieur le professeur, vous pensez que chaque nationalité doit former un État séparé, et vous, monsieur le capitaine, vous me paraissez convaincu que la Providence a fixé à chaque peuple des limites qu'il ne doit pas franchir, et que les passions humaines ont seules dérangé l'ordre immuable qu'avait établi le Créateur. Mais d'abord, pour bien nous entendre, je crois qu'il est bon de définir les termes dont nous nous servons, et, si monsieur le professeur veut bien nous expliquer ce qu'il entend précisément par ce mot nationalité, je crois qu'il nous rendra service.

LE PROFESSEUR.

A mon sens, une nationalité est la réunion de tous les hommes qui parlent la même langue; vous voyez que ma définition est bien simple.

L'AMÉRICAIN.

Pas si simple, si je ne me trompe. Vous éloignez la difficulté, vous ne la résolvez pas; il faut maintenant que vous définissiez ce que c'est qu'une langue. A quel moment un idiome s'élève-t-il à cette dignité et cesse-t-il d'être un patois?

LE PROFESSEUR.

C'est quand il s'écrit et qu'il a une littérature.

L'AMÉRICAIN.

Je pourrais soulever quelques objections, vous demander si vous refusez le nom de langue aux dialectes qui, comme le provençal, se sont écrits, mais ne s'écrivent plus, bien qu'ils se parlent encore; si vous l'accordez à ceux qui s'écrivent, mais n'ont qu'une littérature légère, tel que le vénitien, par exemple, dont l'excellent auteur comique Goldoni s'est servi quelquefois avec succès; néanmoins je n'insiste pas, et j'accepte, pour le moment, votre explication. Toutefois je doute qu'elle suffise à la solution de plus d'un des problèmes que j'aurai occasion de vous poser dans le cours de notre entretien. Maintenant je demanderai à monsieur le capitaine de nous dire ce que c'est que des frontières naturelles.

LE CAPITAINE.

Selon moi, certains accidents géographiques fixent le territoire que chaque peuple doit occuper, et un jour viendra où, revenues à la raison, les nations, par un commun accord, renonceront à s'opprimer l'une l'autre et vivront sans ambition, fraternellement, chacune sur le sol qui doit naturellement leur appartenir. C'est la réalisation de cette utopie, si vous voulez l'appeler ainsi, qui sera, je l'espère, l'œuvre du suffrage universel à l'époque où nous vivons. Mais j'en reviens à l'explication du mot frontières naturelles; elles sont de plusieurs sortes : les déserts d'abord sont les meilleures, puisqu'ils sont infranchissables à des armées; les montagnes présentent aussi un obstacle sérieux aux invasions; viennent ensuite les mers, et, en dernier lieu, les grands fleuves.

L'AMÉRICAIN.

Je crains, mon cher capitaine, de ne pouvoir acquiescer à votre théorie. Les déserts sont rares; quant aux hautes montagnes, on les franchit à merveille. Je prends pour exemple les sommets les plus élevés de l'Europe, les Alpes : combien d'armées en ont gravi les pentes ! Rappelez-vous ces beaux vers :

> Le voilà, ce théâtre et de neige et de gloire,
> Éternel boulevard qui n'a pas garanti
> Des Lombards le beau territoire ;
> Voilà ces monts affreux célébrés par l'histoire,
> Ces monts qu'ont traversés par un vol si hardi
> Les Charles, les Othon, Catinat et Conti,
> Sur les ailes de la Victoire.

Et cependant, quand ils ont été écrits, le premier consul n'avait pas conduit ses soldats et ses canons au travers des neiges du grand Saint-Bernard, et il n'était pas question de creuser un tunnel sous le mont Cenis pour y placer les rails d'un chemin de fer. Quant à la mer, elle sépare sans doute matériellement les nations, cependant ce ne serait peut-être pas un paradoxe insoutenable de dire qu'elle les réunit aussi.

Cela est vrai surtout depuis que la navigation à vapeur a permis à l'homme de se rire de l'inconstance des vents et d'atteindre par tous les temps le but militaire ou commercial qu'il se propose. On l'a bien vu pendant la dernière guerre de Crimée. J'ai entendu dire à ce sujet par une personne extrêmement compétente qu'une des grandes causes du succès des Anglo-Français avait été d'avoir une base d'opérations aussi bonne que l'est devenue la mer quand on en est le maître et qu'on a une nombreuse marine à vapeur. En effet, les troupes alliées débarquaient de Marseille, de Malte, ou même de Portsmouth, sans être fatiguées; les munitions, les vivres, affluaient à Kamiesh et à Balaclava de tous les ports de la Méditerranée, tandis que les malheureux bataillons russes, bien qu'ils n'eussent eu à traverser ni déserts, ni hautes montagnes, mais seulement d'immenses plaines mal peuplées, arrivaient exténués, après avoir laissé sur toutes les routes la moitié de leur effectif. Ce n'était qu'avec les plus grandes peines qu'on parvenait à ravitailler la garnison de Sébastopol, et cela devint à peu près impossible lorsque la prise de Kertch ferma le passage du détroit de Zabache aux navires venant de la mer d'Azof.

Quant aux fleuves, il est encore bien plus douteux, pour moi, qu'ils établissent une barrière entre leurs riverains. Vous est-il arrivé quelquefois de descendre le Rhin? Avez-vous compté les bateaux à vapeur qui le sillonnent? Ils jettent indifféremment sur l'une et l'autre rive les passagers et les marchandises qu'ils transportent. Cette communication rapide et facile que les fleuves établissent entre les peuples qui boivent les mêmes eaux ne concorde guère avec le système qui en fait des fossés infranchissables. Enfin, et c'est mon objection la plus forte, il est d'immenses étendues de territoires que ne séparent ni déserts, ni montagnes, ni mers; par exemple, la contrée qui s'étend de la mer du Nord aux monts Ourals. Il faut prendre alors les fleuves pour limites; mais, indépendamment de ce qu'ils sont, même à votre avis, la plus médiocre des frontières, ils sont toujours une frontière incomplète et qu'on peut traverser facilement, car, au commencement de leurs cours, ce sont ordinairement de minces filets d'eau et des obstacles de nulle valeur si leurs sources ne sont pas couvertes par de hautes montagnes. Dans ce cas, votre système est tout à fait insuffisant et laisse une forte marge à l'arbitraire.

Mais, sans nous enfoncer plus avant dans la discussion des deux théories dont nous venons de parler, pressons les faits d'un peu plus près et voyons quelles difficultés l'une et l'autre rencontreraient dans leur application à l'Europe. Refaire la carte, les pieds sur les chenets, m'a toujours paru une occupation assez peu sérieuse ; mais tant d'autres s'en sont donné le plaisir avant nous, que, si nous sommes ridicules, nous le serons en nombreuse compagnie. D'ailleurs,

peut-être arriverai-je à vous convaincre que vos opinions, partagées
aujourd'hui par un si grand nombre de gens, ne sont pas aussi con-
formes à la raison qu'elles le paraissent, et qu'il vaut mieux laisser la
Providence régler la destinée des peuples que de prétendre en dé-
cider nous-mêmes suivant nos idées préconçues.

LE CAPITAINE.

J'accepte bien volontiers, pour ma part, la discussion. Je prends la
carte de l'Europe, et, du premier coup, je vais vous citer trois contrées
dont les limites sont si nettement déterminées, qu'il est tout à fait
naturel de les voir former un seul et même État : je veux parler des
Iles Britanniques, de la Péninsule italique, et de la Péninsule ibérique.

L'AMÉRICAIN.

Je ne puis me ranger de votre avis sans faire quelques objections.

LE PROFESSEUR.

Pour ma part, je trouve la réunion des Iles Britanniques sous un
même sceptre une chose excellente; non pas tant parce qu'elle est
conforme à la géographie que parce que les peuples qui les habitent
se servent du même idiome. J'appelle aussi de tous mes vœux la complète libération de l'Italie; car, s'il est peu de contrées mieux limi-
tées qu'

il bel paëse
Ch' Apennin parte, e'l mar circonda e l'Alpe,

il est sûr aussi que ses habitants parlent une langue, sinon identique,
du moins analogue :

Il bel paëse là dove'l si suona,

disait déjà Dante en plein moyen âge. Je ne fais absolument de réserve
que relativement à la réunion du Portugal et de l'Espagne.

L'AMÉRICAIN.

Il est incontestable que les Iles Britanniques forment depuis longtemps une des plus grandes puissances du monde, et que leur état
actuel peut être justifié par d'excellentes raisons. Permettez-moi cependant de vous faire remarquer que ce n'est pas l'avis de tout le
monde en Irlande, qu'il n'y a pas longtemps un parti puissant deman-
dait le rappel de l'Union et qu'il avait incontestablement de bons arguments à mettre en avant. Ethnographiquement, les Irlandais sont
les descendants des Celtes, et bon nombre d'entre eux parlent gaé-
lique.

LE PROFESSEUR.

Sans doute, mais ce n'est qu'une partie assez faible de la totalité des habitants : la grande majorité use ordinairement d'un dialecte anglais.

L'AMÉRICAIN.

Géographiquement, l'Irlande est une île qui est séparée de la Grande-Bretagne par un bras de mer, ce qui est une très-bonne limite, comme nous l'a dit le capitaine.

LE CAPITAINE.

Vous donnez une extension exagérée au système que je défends; il faut que les îles aient une certaine importance pour réclamer une existence indépendante, et l'Irlande est géographiquement liée à l'Angleterre comme faisant partie d'un même archipel. Les bras de mer étroits ne sont pas des frontières aussi excellentes que la pleine mer, et la Sicile, par exemple, est bien certainement une annexe de l'Italie.

L'AMÉRICAIN.

Nous apprendrons prochainement si ce dernier point est aussi incontestable que vous le supposez, et si les Siciliens se sont séparés du royaume de Naples pour faire partie de la grande unité italienne, ou simplement pour être indépendants, comme ils l'ont été si longtemps. Mais ne laissons pas notre conversation s'égarer et revenons-en à l'Irlande; je n'insiste pas plus qu'il n'est juste sur les raisons géographiques, et ethnographiques, qui ne sont pas celles qui militent avec le plus de force en faveur de son indépendance. La vraie cause qui la sépare de l'Angleterre, c'est sa religion. Vous, messieurs, vous envisagez les choses à un point de vue absolu et ne tenez nul compte des considérations qui appartiennent à un ordre d'idées qui n'est pas celui que vous avez adopté. Ainsi les différences de croyances n'entrent pour rien dans la manière dont vous arrangez la carte. A coup sûr, les opinions religieuses ne jouent pas de nos jours un aussi grand rôle qu'au seizième siècle; la tolérance mutuelle des divers cultes a fait des progrès, et, grâce à la liberté de conscience, on voit souvent vivre en paix à côté les uns des autres des hommes dont la foi n'est pas la même. Mais, pour qu'il en soit ainsi, il faut que les plus forts n'accablent pas les plus faibles. En fait, et cela est bien digne d'être remarqué, il n'y a de nations opprimées à cause de leur religion dans l'Europe contemporaine que des nations catholiques, et l'exemple de la Pologne et de l'Irlande peut être opposé avec avantage aux déclamations que des passions aveugles ne cessent de proférer contre l'intolérance romaine. Quoi qu'il en soit, la religion sera toujours un des liens les plus puissants qui rassemblent les hommes; là où il manquera, l'union ne sera jamais complète, et, si vous n'en tenez pas

grand compte, vous courez risque d'aboutir à des combinaisons éphé-
mères. Je reconnais tout le premier la puissance des nombreuses raisons qui justifient l'union de l'Angleterre et de l'Irlande; mais, pour
qu'elle me paraisse complétement légitime, il faut que la législation,
déjà adoucie à l'égard des catholiques, finisse par ne plus mettre de
différence entre eux et les protestants. Tant qu'il en sera autrement,
les fils de la verte Érin auront un droit aussi fondé que ceux de tout
autre pays à réclamer leur indépendance, bien que leurs plaintes ne
soient appuyées ni par les philologues ni par les géographes.

Souffrez maintenant que j'établisse catégoriquement en quoi mes
opinions diffèrent des vôtres relativement à l'Italie. Si je n'écoutais
que la juste indignation soulevée dans mon cœur par les procédés ré-
volutionnaires de Garibaldi, et bien plus encore par la conduite à la
fois perfide et violente du gouvernement piémontais, je me bor-
nerais à souhaiter que les auteurs de l'odieux spectacle qui afflige nos
regards soient mis, d'une façon quelconque, hors d'état de troubler
et de démoraliser l'Europe. Mais nous parlons ici de sang-froid, et je
ne fais pas difficulté de distinguer dans les passions italiennes ce qui
est légitime de ce qui ne l'est pas. Je comprends parfaitement, je di-
rai plus, j'honore la haine que les Italiens ont pour la domination
étrangère, le souvenir amer qu'ils conservent de leur long esclavage,
la volonté qu'ils ont d'expulser de leur sol les derniers bataillons au-
trichiens qui le foulent encore; mais à ces sentiments si naturels se
mêlent un désir effréné de grandeur et des aspirations sans mesure
vers une unité que je crois impossible. C'est en confondant ces deux
causes, si distinctes cependant, — celle de l'indépendance et celle de
l'unité — que des ambitieux et des sectaires ont remué ce malheureux
pays jusque dans ses entrailles. Et ce qui rend le mouvement qui
l'agite si redoutable, c'est que, parmi les mobiles divers de ses pro-
moteurs, il en est qui prennent naissance dans les plus nobles in-
stincts de l'âme humaine. Mais que de maux a causés, que de maux
causera encore ce rêve de l'unité qui depuis si longtemps hante et
pervertit chez nos voisins les plus hautes intelligences ! Il y a trois
siècles qu'un grand esprit, pour atteindre ce but, donnait à un prince
idéal les conseils les plus criminels qu'il ait été donné à l'oreille des
souverains d'entendre. Je ne sais si notre siècle verra paraître et
réussir le héros de Machiavel; mais ce qui est sûr, c'est que la
conscience des nations a prononcé sur son compte à l'avance un ver-
dict sévère et sans appel.

Pour ma part, je persiste à regarder comme une chimère la tenta-
tive de soumettre d'une façon permanente Siciliens et Piémontais,
Romains et Milanais, Vénitiens et Toscans, à un seul gouvernement.
De même que les dialectes italiens diffèrent grandement entre eux,

bien que dérivés de la même langue, de même les habitants des
divers États se distinguent les uns des autres par des mœurs et
des traditions particulières. Vouloir les courber tous sous une règle
semblable et inflexible, c'est, à mon sens, le meilleur moyen de pré-
parer une réaction dont l'étranger sera le premier à profiter. Voyez :
l'œuvre n'est qu'ébauchée, elle parle aux imaginations sans avoir encore eu le temps de froisser les habitudes et les intérêts, et déjà
quelle résistance elle rencontre ! On portera les accusations que l'on
voudra contre le gouvernement du roi de Naples; je ne suis pas son
avocat et ne me charge pas de discerner celles qui sont fondées de
celles qu'a inventées l'esprit de parti; néanmoins François II compte
encore des défenseurs par milliers; s'il en est ainsi dans un temps où
l'idolâtrie du succès est la religion à la mode, c'est uniquement parce
que ce prince représente un droit cher à la plus grande partie de
la nation, celui qu'ont depuis longtemps les habitants du royaume de
Naples de former un État indépendant. C'est parce qu'ils sont indi-
gnés de voir des hommes venus, non pas seulement de Turin, de Venise, de Florence ou de Bologne, mais de France, de Hongrie et
d'Angleterre, vouloir dicter des lois à leur patrie que les soldats na-
politains se battent sur les bords du Vulturne avec une ardeur qu'on
ne leur avait point encore connue, et leur vote à coups de fusil
me paraît une expression beaucoup plus sérieuse du vœu populaire
que celui qu'on dépose en ce moment dans des urnes sous la protec-
tion des baïonnettes piémontaises.

Enfin je tiens pour essentiel à une saine constitution de l'Italie le
maintien du pouvoir temporel du Pape. Et ici je n'envisage pas cette
grande question en elle-même : les écrits de tant d'hommes élo-
quents et autorisés l'ont suffisamment éclairée pour quiconque est de
bonne foi et n'est pas un ennemi secret ou avoué de la foi catholique;
le dévouement de tant de jeunes chrétiens et de leur glorieux chef,
la mort héroïque de plusieurs d'entre eux, les blessures du plus grand
nombre, témoignent assez de la justice de la cause du Saint-Siége. En
présence de pareils défenseurs, insister serait superflu; à moins d'a-
voir le don des miracles, on ne peut prétendre à ouvrir les oreilles
aux sourds qui ne veulent pas entendre, les yeux aux aveugles qui ne
veulent pas voir. Je me place donc à un point de vue moins élevé,
et, sans m'occuper de l'intérêt supérieur de la chrétienté, je main-
tiens et je prétends que l'une des grandeurs de l'Italie et la plus du-
rable, c'est d'être le centre de l'unité catholique. C'est ainsi que Rome
est restée la capitale du monde chrétien et a eu au respect des nations
un titre qui n'a pu lui être contesté. Le bel avantage pour elle quand
elle troquerait cette supériorité incontestable contre le vain espoir de
rivaliser avec les autres capitales de l'Europe et de n'arriver, suivant

toute apparence, qu'au sixième ou septième rang parmi les métropoles de la civilisation moderne ! Mais l'Italie, malgré la gravité des événements dont elle est le théâtre, ne doit pas être l'unique sujet de notre entretien, et je voudrais maintenant que monsieur le professeur nous fît connaître ses objections à l'union du Portugal et de l'Espagne.

LE PROFESSEUR.

Je ne puis, en effet, faire bon marché de la nation portugaise : elle possède une langue, une très-belle langue; elle a une littérature, des écrivains distingués; et à leur tête un des plus grands poëtes épiques des temps modernes.

LE CAPITAINE.

J'ai réponse à votre opinion : le portugais n'est une langue que parce que le Portugal a vécu indépendant de l'Espagne durant des siècles; c'est sa nationalité qui a fait sa langue, et non pas sa langue qui a fait sa nationalité. Si le Portugal avait été réuni depuis longtemps au reste de la Péninsule, le portugais ne serait qu'un patois comme le catalan; car, veuillez bien le remarquer, il n'y a pas telle chose qu'une langue espagnole; il y a une langue castillane qui a pris le dessus sur les autres dialectes, parce que les Castillans sont devenus les premiers parmi les Espagnols et Madrid la capitale du royaume. Si Ferdinand n'avait pas épousé Isabelle, vous auriez peut-être une langue et une littérature catalane, et si Jean de Bragance n'avait pas secoué le joug espagnol, il y a longtemps que le portugais ne s'écrirait plus. J'ai touché, je crois, un des défauts de votre cuirasse; les nationalités ne sont pas des êtres éternels, elles peuvent parfaitement périr; laissez-moi donc annexer le Portugal à l'Espagne, et je vous réponds que dans une centaine d'années il y aura un peuple ne parlant qu'espagnol et occupant un territoire bien nettement délimité.

L'AMÉRICAIN.

Je vois, mon cher capitaine, que vous sacrifiez volontiers les contemporains à leurs petits-enfants, c'est très-philosophique; toutefois je doute que les intéressés soient aussi résignés que vous à renier les traditions et les sentiments patriotiques dont ils ont été imbus dès l'enfance; mais j'ai encore une autre objection à vous soumettre au sujet de la Péninsule ibérique, je veux parler de l'existence de la nationalité basque, et j'espère que monsieur le professeur se montrera le chaud défenseur de ses droits.

LE PROFESSEUR.

Il est incontestable qu'aucune population de l'Europe n'a de plus vieux titres à l'indépendance que celle qui parle l'idiome escualdunac.

C'est le seul dans l'Europe occidentale qui n'appartienne pas à la famille des langues indo-germaniques, et jusqu'ici les savants n'ont pu découvrir sa parenté avec aucune autre. Suivant toute apparence, c'est le débris respectable du langage des peuplades qui les premières ont habité notre Europe; mais les habitants des provinces basques, espagnoles et françaises, n'ont jusqu'ici témoigné aucun désir de se réunir, en se séparant des deux États auxquels ils appartiennent, et, comme je ne veux pas passer pour un partisan trop fanatique des nationalités, je ne réclame pas plus pour eux que pour les bas Bretons des droits dont ils ne paraissent pas avoir grand souci eux-mêmes.

L'AMÉRICAIN.

Alors je renonce à pousser à outrance le capitaine, et c'est contre vous, monsieur le professeur, que je me retournerai. Je ne rechercherai pas si dans l'insurrection carliste qui éclata dans les provinces basques, il y a plus de vingt ans, le sentiment de nationalité n'était pas le principal mobile des combattants, et s'il ne jouait pas un certain rôle dans la résistance que la Bretagne a opposée à la Révolution française. Bretons et Basques, fils des Ibères et des Kimris, je les abandonne, puisque le défenseur des nationalités n'insiste pas en leur faveur. C'est là, néanmoins, monsieur le professeur, un des vices capitaux de votre théorie; vous ne tenez pas à l'appliquer aux peuples qui ne s'en soucient point; à merveille! mais, le jour où, réveillés d'un long sommeil, ils feraient valoir leurs droits à l'autonomie, pourriez-vous ne pas en reconnaître la légitimité? A vos yeux, ils doivent être aussi sacrés que ceux d'aucun autre peuple. Il y a plus, vous devriez appeler de vos vœux la renaissance des plus anciennes nationalités de l'Europe, et vous devriez combattre les efforts que font les gouvernements pour en faire disparaître les vestiges. Si vous agissez autrement et ne voulez pas faire naître des difficultés qui n'existent pas, vous voilà alors retombé dans les errements des vieux politiques que vous avez coutume de flétrir si vivement. Ils professaient que rien d'absolu n'existe dans les rapports des hommes entre eux, qu'ils varient à l'infini avec le temps et les lieux, et que vouloir les régir par des règles fixes est une chimère irréalisable. Est-ce qu'en abandonnant votre théorie dans les cas où la pratique présente des obstacles, vous ne leur donnez pas complétement raison?

LE CAPITAINE.

Je crains que vous n'ayez porté au professeur une botte qu'il aura quelque peine à parer; mais, puisque nous en sommes arrivés à prononcer le nom de deux provinces françaises, vous me permettrez de vous parler de mon pays et de vous dire que ses frontières, comme celles de l'Espagne, ont été fixées bien nettement par la nature, si nettement, qu'il y a dix-neuf cents ans César commençait ses *Commentaires* en les décrivant : les deux mers, les Pyrénées, les Alpes et le Rhin.

LE PROFESSEUR.

En ma qualité d'Allemand et d'ami des nationalités, je résiste à vos prétentions gauloises. Je nie formellement que le Rhin soit la limite naturelle de la France. Toute la rive gauche est germanique de race et de langue, et, si je voulais à toute force transiger avec vous, je vous offrirais les Vosges et la Meuse, qui doivent vous suffire, car le Rhin se jette dans la Meuse et les Vosges sont des montagnes, qui, à votre avis, font de meilleures frontières que les fleuves; mais je ne puis même aller si loin, et je réclame pour mon pays toute la contrée qui parle flamand. Je vous abandonne en Belgique le pays wallon; en compensation il me faut l'Alsace, la Lorraine allemande, les Flandres, y compris la moitié de votre département du Nord. Je sais bien que nos frontières ne seront alors que des lignes arbitraires qui ne présenteront aucun obstacle naturel; mais, malgré tout votre bon vouloir, vous n'en trouverez guère de bonnes dans tout le nord de l'Europe, si surtout vous reconnaissez, avec notre ami, que les fleuves unissent pour le moins autant les riverains qu'ils les séparent.

L'AMÉRICAIN.

Vous êtes tous les deux dans votre rôle, messieurs. Un Allemand doit combattre le système des frontières naturelles, qui donnent à la France cette rive gauche du Rhin, objet de l'émulation ambitieuse des deux peuples; et un Français doit repousser le système des nationalités, car, si son pays y gagne les îles normandes, une moitié de la Belgique et trois ou quatre cantons suisses, il y perd la Corse, l'Alsace et une bonne partie de la Lorraine avec toutes ses prétentions sur la rive gauche du Rhin. Mais l'un et l'autre vous m'avez paru faire bon marché de deux peuples, le belge et le suisse, qui pourraient bien faire obstacle à vos prétentions. Je l'avoue, la nation suisse me paraît être celle qui en Europe opposera la plus énergique résistance aux théories de nationalités et de frontières naturelles; elle appartient géographiquement à quatre bassins différents divisés par les plus hautes montagnes de l'Europe, et ses eaux vont se perdre, par le Rhin, le Rhône, le Danube et le Pô, dans la mer du Nord, dans la Méditerranée, dans l'Adriatique et dans la mer Noire; elle est composée d'Allemands, de Français et d'Italiens, et même on pourrait compter comme un quatrième peuple ceux des habitants des Grisons qui parlent le romanche. Néanmoins c'est une nation, et très-unie, quand il s'agit de la défense du sol natal; elle a des institutions à la fois plus démocratiques et plus libérales qu'aucune autre de l'Europe, et par conséquent tout à fait en harmonie avec l'esprit de notre époque. Ce ne sera donc pas sans une résistance extrême que, si jamais elles y arrivent, les trois grandes nationalités française, allemande et italienne parviendront à absorber en le divisant ce petit peuple de soldats. Mais, à présent que nous avons entendu l'exposé des prétentions françaises, il serait bon que nous connussions les prétentions allemandes.

LE PROFESSEUR.

Nos prétentions, ou plutôt notre droit, c'est de nous annexer toute contrée dont les habitants parlent l'allemand ou ses dérivés : ainsi je réunis sans scrupule à la grande patrie allemande la Hollande, le Sleswig, la Suisse allemande et les provinces de la Baltique, et je ne reconnais de limites à l'est et au sud que celles que nous impose la présence de populations latines, slaves ou hongroises.

L'AMÉRICAIN.

Très-bien. Remarquez-le cependant, plus nous allons, et plus les difficultés que nous rencontrons augmentent. Jusqu'ici vous ne vous étiez attaqués qu'à des États respectables, mais secondaires. Ici vous allez plus avant, vous commencez par détruire une des plus grandes monarchies du monde, l'empire d'Autriche, vous enlevez une province à la France, trois à la Russie, c'est-à-dire aux deux puissances les plus redoutables; vous anéantissez la Belgique, la Hollande et la Suisse, et vous réduisez à presque rien le Danemark. C'est tout simplement un remaniement à peu près complet de l'Europe que vous demandez.

J'ajourne la question de l'empire d'Autriche, elle est trop importante pour que nous ne la traitions pas séparément; mais croyez vous, monsieur le professeur, que la France et la Russie se laisseront dépouiller tranquillement de possessions séculaires? En fait, elles vous opposeront leurs vaillantes armées, qui pourront bien avoir raison des vôtres; elles ne seront pas non plus à court d'arguments pour répondre à vos journalistes. La France vous dira que l'Alsace est peut-être la plus patriotique de ses provinces, celle dont la population lui a fourni le plus de soldats quand elle a fait appel au courage de ses enfants; elle vous rappellera les noms de Kléber, de Lefèvre, de Kellermann et de tant d'autres qui sont nés sur les bords du Rhin et qui se sont illustrés par les défaites qu'ils ont infligées à vos soldats. La Russie, de son côté, vous représentera que les provinces de la Baltique ne sont allemandes qu'à la surface et dans les villes, que les habitants des campagnes, surtout dans les pays où la civilisation n'est pas très-avancée, sont la vraie population, et qu'en Livonie et en Courlande ils ne sont nullement de race germanique, mais de race finnoise, race que nous n'avons pas encore rencontrée sur notre chemin, et qui a bien aussi ses droits; car

2

comme le Basque, elle n'est unie à aucune autre par quelque parenté éloignée de langage. Et, veuillez le remarquer, nous nous trouvons ici vis-à-vis d'un obstacle qui n'existe pas dans l'occident de l'Europe, mais qui se produit fréquemment dans sa partie orientale, la coexistence de plusieurs nationalités sur le même territoire. A laquelle donnerez-vous la préférence? A la plus nombreuse, à la plus ancienne, à la plus belliqueuse? D'ailleurs, quel que soit votre choix, vous établissez la prédominance d'une fraction d'un peuple sur l'autre, et vous rétrogradez jusqu'au temps où les Francs opprimaient les Gaulois, et les Normands les Anglo-Saxons. Pour ne parler que des provinces qui nous occupent, vous avez la prétention de soumettre à une poignée d'Allemands les citoyens nombreux des campagnes. Je sais bien que, dans l'hypothèse contraire, vous réclameriez contre l'asservissement d'hommes cultivés à des masses barbares. Qu'en conclure, sinon que, là où plusieurs nationalités subsistent côte à côte sur le même sol, aucune d'elle ne doit prévaloir sur l'autre, et qu'il est à désirer qu'elles aient toutes des droits égaux et arrivent, s'il est possible, à se fondre l'une dans l'autre? La conséquence est que le système des nationalités n'est pas applicable dans bien des contrées de l'Europe, et c'est à coup sûr contre son excellence un des plus graves raisonnements qui se puissent faire.

Vous voulez aussi absorber la Hollande; mais je doute que ses habitants goûtent fort ce système. Ils ont un passé glorieux, et ils peuvent prétendre qu'ils possèdent une langue à eux différente de la vôtre. Je sais bien que c'est un fait que vous niez, et que vos amis ont imprimé des livres pour prouver que le hollandais n'était que de l'allemand mal écrit et mal prononcé. Je ne suis pas assez savant pour résoudre la question; néanmoins je persiste à croire que les petits-fils des hommes qui ont repoussé les attaques de Philippe II et de Louis XIV sauraient au besoin se montrer dignes de leurs pères et défendre comme eux leur indépendance.

Vous avez éprouvé vous-même en 1848 ce que peut un petit peuple quand il est animé par le patriotisme. Vous avez, à cette époque où tout était en feu, revendiqué le Sleswig comme une province germanique, et, malgré l'immense disproportion des forces, il vous a fallu lâcher prise devant l'énergie des Danois. L'Europe entière a battu des mains au courage qu'ils ont déployé pour défendre l'intégrité de leur monarchie séculaire, et je ne doute pas que, le jour où vous voudriez mettre de nouveau en pratique vos théories tudesques, vous ne les trouviez encore tous debout devant vous.

LE PROFESSEUR.

Les Danois auraient grand tort; si nous voulons leur prendre quelque chose, cela ne nous empêche pas de faire des vœux sincères pour la grandeur de la nationalité scandinave, dont ils sont les représentants avec les Norvégiens et les Suédois, et nous souhaiterions la voir toute réunie sous un même chef, comme aux beaux temps de l'union de Calmar.

LE CAPITAINE.

Voilà un projet dont je ne vous féliciterai pas. Prétendre former un seul État de peuples que la mer sépare, parce qu'ils parlent la même langue et ont vécu autrefois sous le même sceptre, est une idée que je ne puis partager; autant songer à refaire un même tout de l'Angleterre et des États-Unis.

L'AMÉRICAIN.

L'avenir nous apprendra, en effet, qui de vous deux a raison, messieurs, et si, comme le pensent quelques bons esprits, le Danemark est destiné à s'unir à l'espèce de confédération que forment déjà la Suède et la Norvége. Mais parlons maintenant de la monarchie autrichienne, qui, dans votre esprit à tous deux, est certainement condamnée. Comment la diviserez-vous?

LE CAPITAINE.

Je ne suis pas, à cet égard, aussi radical que vous le croyez, je ne détruis pas ce grand empire, je le transforme, et, au lieu d'un corps mal bâti et composé de pièces et de morceaux, j'en fais un grand État danubien dont Vienne est toujours la capitale. Pour arriver à ce résultat, je donne à l'Autriche la Servie, la Valachie, la Moldavie, la Bessarabie, la Bulgarie, la Bosnie; vers les sources du Danube, je lui accorde une bonne partie du Wurtemberg et de la Bavière; en échange elle abandonne la Bohême et la Gallicie, dont les eaux vont se perdre dans la mer du Nord et dans la Baltique; elle renonce également à toutes ses possessions italiennes et aux provinces qu'elle occupe le long de la mer Adriatique; elle n'est pas moins puissante qu'auparavant, et elle fait sur la carte une figure convenable.

LE PROFESSEUR.

Faire une figure convenable sur la carte, voilà le dernier mot de votre système! C'est du pur matérialisme : les accidents physiques sont tout pour vous; les idées et les passions des hommes, rien. Aussi, pour ma part, j'aime autant l'état actuel de l'empire d'Autriche que celui que vous voudriez lui substituer. Car enfin, si vous délivrez les Italiens et les Slaves de Bohême et de Gallicie, vous voulez faire vivre, confondus sous les mêmes lois, les Allemands de la Souabe, de l'Autriche et du Tyrol, les Slaves de la Croatie et de la Servie, les Hongrois, et les Roumains.

L'AMÉRICAIN.

Mais vous, monsieur le professeur, comment arrangez-vous les choses ?

LE PROFESSEUR.

Je réunis à l'Allemagne toutes les provinces allemandes, la Gallicie à la Pologne, et je crée un royaume de Hongrie et un royaume de Roumanie.

L'AMÉRICAIN.

Tout cela n'est pas si simple, et vous avez entre les mains un écheveau fort embrouillé. Quelques provinces autrichiennes n'ont qu'une seule nationalité et s'accommoderaient passablement de votre système : les habitants du Tyrol septentrional et de l'Autriche proprement dite sont Allemands, ceux de la Vénétie et le Tyrol méridional Italiens, ceux de la Gallicie Polonais. D'autres provinces, au contraire, comptent deux ou trois nationalités : les Slaves sont mêlés aux Italiens en Dalmatie, aux Allemands en Bohême, en Moravie et en Styrie. Des Slaves, des Italiens et des Allemands habitent les provinces illyriennes. Qu'est-ce que tout cela en comparaison de la Hongrie et de la Transylvanie, où vous comptez pêle-mêle des Magyars, des Slaves, des Roumains et des Allemands, les premiers en majorité en Hongrie, les seconds en Croatie, les troisièmes en Transylvanie, les quatrièmes en minorité partout ? Vous voilà de nouveau en présence de la difficulté que je vous ai signalée tout à l'heure à propos des provinces de la Baltique. Comment vous reconnaîtrez-vous au milieu d'un pareil chaos ? En 1848, nous avons eu le spectacle de toutes ces nationalités se heurtant au hasard, qu'en est-il résulté en définitive ? Beaucoup de sang versé et le retour à l'état ancien.

Ce serait bien pis si nous entamions la question si complexe de l'empire ottoman, que nous avons effleurée en parlant des nations roumaines. Mais le moment n'est pas bon pour discuter froidement sur un pareil sujet ; il est urgent d'agir et non de parler, et c'est la mission du gouvernement et non des individus. Les atrocités dont le Liban a été le théâtre demandent une prompte réparation, et l'Europe civilisée ne doit pas laisser impunément massacrer tant de millions de chrétiens. Il faut à tout prix que de pareilles horreurs cessent d'être possibles. La France et l'Angleterre surtout, qui ont versé il y a peu de temps le plus pur de leur sang pour une cause devenue si peu intéressante, celle de l'intégrité de l'empire ottoman, doivent à elles-mêmes de montrer au monde qu'elles n'ont point été des dupes, et qu'en s'opposant aux envahissements de l'ambition moscovite elles n'ont point entendu abandonner tant de belles contrées en proie à l'oppression sauvage de barbares sanguinaires.

.Mais, si nous écartons d'un commun accord la question d'Orient, nous pouvons parler de la Russie et du panslavisme. Qu'en pense monsieur le professeur?

LE PROFESSEUR.

Je reconnais que cette doctrine est la conséquence la plus extrême de celles que j'ai adoptées. Vous savez en quoi elle consiste : elle ne tend à rien moins qu'à soumettre à un même sceptre, celui de l'empereur de Russie bien entendu, toutes les races slaves. Or elles s'étendent depuis les extrémités de Kamtchatka jusqu'aux portes de Venise et comprennent les Illyriens, les Croates, les Serbes, les Bulgares, les Bohêmes, les Polonais et les Russes. Certainement il ne pourrait exister une plus redoutable confédération; mais, pour ma part, je ne vais pas aussi loin, je ne demande pas la réunion en un seul groupe de toutes les nations latines et de toutes les nations slaves, ni celle au corps germanique des Anglo-Saxons et des Scandinaves, qui sont cependant de la même race que les Allemands. Une langue, une nation, tel est notre principe. En conséquence, je ne fais pas de difficulté de reconnaître aux Bohêmes, aux Serbes, aux Polonais, le droit de former des États séparés, et, en ma qualité d'Allemand, je n'élève aucune prétention sur le duché de Posen, ni sur la Gallicie.

L'AMÉRICAIN.

Je suis heureux de vous compter parmi ceux qui font des vœux pour la résurrection de la Pologne, de cette nation si indignement sacrifiée par la politique et qui, malgré ses erreurs nombreuses, est digne de l'intérêt de tous les amis de la justice. Mais croyez-vous que la différence des idiomes soit la grande cause de l'éloignement qu'elle montre pour la domination russe? J'en doute fort, et à ce compte toutes les populations du midi de la France auraient le droit de réclamer contre la suprématie du Nord, car la distance n'est guère plus grande entre le russe et le polonais qu'entre le français et le provençal, par exemple. Il y a bien d'autres causes d'inimitié entre les vaincus et les conquérants que quelques nuances de langage. La Pologne a une histoire glorieuse, elle a été libre, trop libre, puisque sa liberté a dégénéré en une anarchie qui a causé sa perte; elle ne peut se résoudre maintenant à porter le joug pesant que la force lui a imposé. Enfin, la différence de religion établit entre les vainqueurs et les vaincus un nouveau ferment de discorde : les Polonais catholiques ne veulent point consentir à abjurer le culte de leurs pères pour entrer dans l'Église grecque, et il n'est personne qui n'ait entendu des récits bien cruels des moyens tantôt violents, tantôt perfides, qui ont été employés pour ramener sous l'autorité spirituelle du czar ceux de ses nouveaux sujets qui restent attachés à la communion romaine. Ici comme en Irlande, la religion joue un grand rôle, et, j'en suis profondément convaincu, les faiseurs de systèmes auront beau s'ingénier, ils ne parviendront pas à empêcher qu'il n'en soit souvent ainsi.

Mais, si je ne me trompe, nous avons passé rapidement en revue toute l'Europe, et quel résultat avons-nous obtenu? Bien rarement vos opinions se sont ajustées, et, si le plus souvent vous vous êtes entendus pour renverser l'état présent, presque jamais vous n'êtes tombés d'accord sur ce qu'il fallait rétablir à la place. Ainsi donc, quand même l'Europe aurait traversé la crise nécessaire pour que les partisans réunis de vos deux systèmes l'emportassent sur ceux des régimes établis, elle ne jouirait pas de la paix, elle serait encore menacée par la lutte qui ne manquerait pas d'éclater entre les vainqueurs le lendemain de leur triomphe. Ce-jour là, on verra ce qu'on a toujours vu : quelques ambitieux se feront un grand nom et quelques hommes habiles une grande fortune, beaucoup de pauvres soldats iront obscurément mourir loin de leur famille et de leur patrie, beaucoup de paysans pleureront sur les ruines de leur chaumière, au milieu de leurs enfants affamés; mais, en fin de compte, aucun des deux principes ne l'emportera définitivement sur l'autre. Tous les grands débats qui ont divisé l'humanité ont fini, ou par l'extermination des vaincus, ou par une transaction. Or je ne vous fais pas l'injure ni à l'un ni à l'autre de croire que vous vouliez massacrer vos adversaires jusqu'au dernier, ou même les réduire à l'esclavage. Force vous sera donc d'en revenir à ces règles du droit des gens, si méprisées aujourd'hui, si souvent violées, j'en conviens, et si difficiles à respecter exactement, mais qu'il faut bien invoquer en définitive quand deux puissances, qui n'ont ni les mêmes opinions, ni les mêmes intérêts, ni les mêmes visées, veulent faire cesser un état permanent d'hostilité.

Ainsi donc, guerre sur guerre, ruine sur ruine, et, à la fin, des congrès et des transactions diplomatiques qui auront pour base non pas quelque plan théorique, mais l'état relatif des forces des belligérants au moment où la fatigue les forcera à s'arrêter : tel est le résultat le plus certain de vos utopies. Espérons que de tels fléaux seront épargnés à notre époque. A Dieu ne plaise que je soutienne que tout soit pour le mieux dans le meilleur des mondes possibles! Mais à nul homme, à nul système il n'appartient de le refaire et d'entreprendre une œuvre que Dieu s'est réservée. Le théâtre sur lequel se déroule la longue histoire de l'humanité n'obéit point au coup de sifflet du machiniste, il ne change que lentement et successivement, et jusqu'ici l'empire de la terre a été partagé entre des principes divers qui se sont fait équilibre et qui ont donné satisfaction aux tendances variées de notre nature. Permettez-moi d'espérer qu'il en sera dans l'avenir comme dans le passé, et que les théories de frontières naturelles et de nationalités auront fait leur temps avant que le globe ait été soumis à l'application absolue d'une seule doctrine politique, quelque spécieuse qu'elle puisse être.

PARIS. — IMPRIMERIE DE SIMON RAÇON ET COMP., RUE D'ERFURTH, 1